AF372838

Triana Nova, Bety María
    Raíces: mitos relatos y leyendas / Bety María Triana
Novoa Néstor Rafael Mendoza. —1ed. —Santa Fe de
Bogotá: Cooperativa Editorial Magisterio,1997.
    120p. :il— (Colección Montaña Mágica; Nº 44)
    ISBN 978-958-20-0359-3
    1. Leyendas Indígenas Colombianas 2. Mitos Indí-
genas Colombianos I. Mendoza Néstor Rafael II. Tit. III.
Serie
    CDD 398. 232'861   /T74r

RAÍCES

Mitos, relatos y leyendas

Bety María Triana Nova
Néstor Rafael Mendoza

Colección Montaña Mágica

Título original de la obra: RAÍCES
Primera edición: 1997.
Esta reimpresión: 2007.

©   Néstor Rafael Mendoza
     Bety María Triana Nova
©   Cooperativa Editorial Magisterio
     Diagonal 36 bis # 20-70 (Parkway la Soledad)
     PBX: 3383605
     Bogotá, D.C., Colombia.
     www.magisterio.com.co
     info@magisterio.com.co

Dirección General: Alfredo Ayarza Bastidas
Dirección Editorial: Pío Fernando Gaona Pinzón

Ilustraciones internas y de carátula: Luis Aurelio Durán

ISBN Libro: 978-958-20-0359-3

PRÓLOGO

En el interior de la maloca hay una voz que clama por ser escuchada; es la memoria de un pasado que intenta embellecer el presente, es la raíz de un conjunto de sueños, melodías e historias de seres mágicos que permanecen inherentes en el viento que juguetea con los rostros indiferentes de los transeúntes

Son ya numerosas las voces que se levantan llamando a la defensa, al redescubrimiento y recuperación de la sabiduría y los conocimientos acumulados por los indígenas.

Por milenios, han vivido en los bosques de América humanizándolos sin destruirlos. Su ciencia médica ha acumulado un incalculado volumen de conocimientos sobre las propiedades curativas de innumerables plantas, animales, regiones geográficas, ríos, arcillas, cantos, rituales.

Un profundo conocimiento de los ritmos de la naturaleza les ha permitido aprovechar al máximo los suelos y los recursos naturales sin llegar a deteriorarlos.

Hubo en el pasado precolombino en estas tierras, un intenso y milenario poblamiento que fue realizado racionalmente, aplicando técnicas apropiadas para adecuar las tierras al cultivo: en las regiones inundables, canales para regular las aguas sin perder el fértil limo que ellas arrastran y sin destruir el ritmo de su circulación ni los ciclos de los peces que los habitan; cultivos en terrazas en las laderas para evitar la erosión; apertura de huertas temporales en la selva que permiten la conservación del bosque en lugar de correr sus límites, destruyéndolo.

Pero la enseñanza más grande y valiosa que podemos recibir de los indígenas no está simplemente en ese incalculado volumen de conocimientos sobre el mundo natural que ellos a través de milenios han descubierto y acumulado, o en la belleza poética de sus historias y mitos. Es importante conocer sus sistemas de pensamiento, sus filosofías, pues es sobre la base de estos sistemas que ellos han llegado a acumular ordenadamente su saber y han podido habitar sus tierras ancestrales, conservando el equilibrio ecológico.

Existe una jerarquía en el pensamiento indígena dentro del cual el pensamiento abstracto es lo fundamental. Primero están las historias sobre el origen, la forma y las sustancias de que está hecho el universo; sobre la base de esas ideas se regulan las relaciones del individuo y la comunidad con lo biológico, con los procesos y actividades vitales humanas que afectan al mundo natural: el nacimiento, la agricultura, la pesca,... etc. Así, en sus historias sobre el origen fundan su pensamiento ético: encontrar el equilibrio posible entre el hombre y su entorno ecológico.

Es una idea fundamental de las filosofías indígenas pensar que todo en el universo debe estar en equilibrio ya que éste es la razón de la existencia. El equilibrio es algo que puede perderse e incluso tiende a desaparecer si el hombre no actúa para evitarlo.

Es necesario preguntarse: ¿qué es lo que tiende a destruirse? ¿por qué el hombre al desperdiciar atenta contra el equilibrio universal? Para responder se debe tener en cuenta otra de las ideas primordiales de la filosofía indígena: el concepto de energía o espíritu siempre en movimiento. La idea de que "en el universo todo es energía que fluye". Es esa energía la que tiende a desaparecer. La misión sagrada de los indígenas es lograr que la cantidad de energía o espíritu del universo se mantenga constante. Cuando esa energía se desperdicia empieza a destruirse el equilibrio y la vida. Por ejemplo, un hombre al cazar un animal merma la cantidad de espíritu o energía de la selva, por eso debe comerlo porque al convertirlo en alimento esa energía vuelve a circular.

Y en esta idea hay implícitas otras: que todo ser tiene una porción de energía o espíritu universal que puede mermarse o ser arrebatada por otro ser. El bienestar o la salud y el malestar o la enfermedad dependen de la cantidad de energía o porción de espíritu que tenga un cuerpo comparada con la que necesita.

La energía Universal se manifiesta de dos modos contrarios: el frío y el calor. Ella fluye a través de los seres y cosas del universo. Cuando un hombre enferma es porque su energía ha sido mermada por la influencia de otro ser; se dice que le ha entrado un frío o que le han quitado su calor. Estas son ideas básicas comunes a todos los sistemas de pensamiento indígena. Es notorio el hecho que esas ideas se relacionan por oposición pero a la vez por interdependencia. Se oponen pero se complementan; a la necesidad de equilibrio se opone la tendencia al desorden, al frío el calor. Es un sistema fundamentalmente dinámico. Un indígena decía que cada frío tiene su calor y cada calor su frío.

Otro rasgo del pensamiento indígena es la percepción de lo sagrado, la búsqueda del equilibrio adquiere una dimensión universal porque es una misión divina: la naturaleza es sagrada porque en ella están presentes sus dioses y antepasados. Visión que contrasta con nuestro mundo desacralizado bajo la cruz de la razón y la moral del pecado de la ganancia y la pérdida, que marcha cada vez más vertiginosamente a la destrucción. Entre nosotros el sentido de la trascendencia se ha desdibujado en el tosco anhelo de ganar.

Si intentamos mirar el universo desde la visión sagrada del indígena, tal vez logremos recordar que en cada elemento y en cada fenómeno de la naturaleza fluyen fuerzas poderosas pero de inestables y delicados equilibrios fácilmente alterables. Y que así, para las culturas indígenas, el paisaje está poblado de señas e indicios de sus antepasados, lleno de símbolos y mensajes que los identifican y les señalan un destino y una ética, así también vamos dejando escrito en el paisaje de nuestras ciudades y campos lo que somos y lo que esperamos seguir siendo.

Tratar de mirar el mundo desde los ojos de otros hombres, que aunque no son demasiado lejanos son muchos más antiguos, casi intemporales, tal vez nos ayuden a imaginar un mundo mejor.

LOS DESANA

Los Desana han vivido en una dilatada región, a la ribera derecha del río Vaupés y en la hoya del río Papurí, extendiéndose su territorio tribal hacia el sur, al río Tiquié, ya en Brasil.

Los Desana poseen un gran interés por la astronomía ya que sus antepasados son astros: Venus, el Sol, la Luna y las numerosas constelaciones.

Hay en sus mitos de origen una expresa preocupación por hallar el centro de la tierra. Cuentan que el Padre Sol para crear a los primeros hombres, buscó un lugar donde no se produjera sombra; y el sitio que señala el mito es la roca Nyi, ubicada justamente en un lugar sobre la línea ecuatorial.

Es al igual notable el interés Desana por los problemas universales del pensamiento, del ser y el devenir. Dos conceptos son fundamentales: Tulári, energía femenina y Bogá, energía masculina.

Tulári es fuerza: el agua tiene Tulári, como el viento o como un arco templado; también es autoridad, poder: Un hombre que guía a otros o un paye(Shamán), tiene Tulári, pero Tulári es más que eso, es una fuerza o energía inmanente a seres u objetos que no tienen relación con el poder físico o mental, sino que está presente o ausente en los fenómenos como una gran energía equivalente a Bogá. Así, Tulári y Bogá son como energías que se complementan y reemplazan continuamente o actúan en conjunto: por ejemplo, en el agua del río, Tulári es el impulso y Bogá la corriente. En el mundo, Tulári es la selva, los animales, los mamíferos; Bogá es el río, los peces. En síntesis, Tulári es energía masculina y Bogá energía femenina. Juntos son la fertilización y la fecundidad; ambos forman una gran corriente de energía que circula pero que debe mantenerse constante, pues esta energía puede perderse, desperdiciarse.

Según el pensamiento Desana, la cantidad de energía que circula es limitada, es necesario que cuando el hombre toma una porción de la corriente energética (al cazar, por ejemplo) restituya la energía que tomó haciendo de la presa alimento. Para los Desana la energía no es una fuente inagotable. Por ello es imprescindible mantener el equilibrio: el mundo puede ser destruido si se malgasta la energía.

Conscientes de la capacidad ilimitada de los humanos de consumir y destruir, los Desana cumplen una serie de rituales y normas muy estrictas de restricción y regulación de sus relaciones con el mundo natural, para asegurar la pervivencia del equilibrio biológico. La sociedad está obligada por esas normas a poner freno y evitar cualquier actitud de desperdicio o disipación de las energías, pues aquello disminuye inmediatamente la energía procreadora de los animales y el nivel de energía del Universo.

LA INTENCIÓN AMARILLA
DEL PADRE SOL

En el Origen Verdadero de Todo, el Padre Sol, su Hermano Luna y la Hija del Sol —Estrella de la Mañana— vivían solos.

Padre Sol, enamorado de su hija, durmió con ella. Pero Luna también la deseó. Y en la noche visitó a la muchacha, haciéndose pasar por Padre Sol, su hermano.

Una noche, Luna quiso sus favores, Estrella de la Mañana menstruaba y lo rechazó golpeándole la cara con la mano manchada de sangre. Luego Sol hizo una fiesta y Luna bailó. Así Sol vió las feas manchas oscuras sobre el rostro pálido de Luna. En castigo le quitó la gran corona de plumas.

Desde entonces Sol y Luna viven distantes en el cielo, y Luna se oculta tres días cada mes.

Luego, solitario, Padre Sol empezó su viaje río arriba, en la canoa. Llevaba su vara sonajera. Iba en busca del centro del día, el sitio para crear a los hombres.

A trechos, Padre Sol detenía la canoa y clavaba en las orillas la punta de su vara. Pero la vara entraba oblicua y daba sombra. Padre Sol seguía.

Padre Sol medía el centro del día. Llegó a la roca Nyi, y allí lo encontró, entre la espuma del raudal. Entonces la vara de Padre Sol entró derecha, sin dar sombra. Y penetró hasta el País de la Luz y el Río de Leche.

Ese País de la Luz es la Casa del Sol, fuente de toda vida.

Allí no se siente hambre ni miedo. Y está siempre bañada de una luz amarilla y verdosa, como el color de las hojas tiernas de coca, y cubierta y protegida por la Casa de la Leche. Hasta allá penetró la vara sonajera del Padre Sol y por la vara subieron a esta tierra gotas de esperma. La tierra floreció y brotaron los primeros hombres. Así, Padre Sol, con su intención amarilla, creó a los hombres.

LOS U'WA

Son más conocidos como Tunebos. U'wa es el nombre que se dan así mismos; significa " gente inteligente que sabe hablar".

Los U'wa han habitado el norte de la Cordillera Oriental Colombiana, en la Sierra Nevada del Cocuy, y en la Serranía de Mérida en Venezuela. En el pasado estaban conformados por numerosos grupos de nombres distintos. Ocho de esos grupos formaban una especie de federación. Cada federación tenía un punto central de referencia, y sus relaciones con las otras eran menos cercanas y fuertes entre más lejos vivieran aquéllas.

Una de esas federaciones, Los Kubaruwa, habitan actualmente la vertiente nororiental de la Sierra Nevada del Cocuy, son uno de los últimos descendientes de los grupos U'wa. Sus mitos son cantados y envuelven todas sus creencias y costumbres. Inicialmente estos mitos cuentan el origen del universo. Hay dos esferas o mundos divinos e indestructibles: el Mundo Blanco de arriba y el Mundo Rojo de abajo; estos mundos se encuentran y chocan. Así se crea un tercer mundo, Azul y Amarillo: el Mundo intermedio, es el mundo en que vivimos, el mundo de la vida y de la muerte. Y como este mundo es mortal y perecedero, los U'wa deben cantar para que perviva. Así, mediante el ritual y la celebración de los mitos cantados, los U'wa preservan el orden, el equilibrio, la armonía: el delicado balance entre los mundos de su universo.

Para el pensamiento U'wa es muy importante la idea de Bita. Bita es la materia básica de la vida, es un regalo de los dioses y todos los seres vivos están compuestos de ella. Bita es el principio originario de la vida.

Para los U'wa todos los seres vivos están compuestos de esa misma sustancia básica y tienen las mismas fuentes de vida. Por ello los U'wa no hacen como nosotros, una drástica distinción entre ellos y los demás seres de la naturaleza. Al contrario, en el pasado mítico, la gente, los animales y vegetales no se diferenciaban. Luego de que los dioses intervienen para ordenar el mundo y hacerlo habitable, se hacen las competencias —carreras, vuelos— y cada ser gana su lugar de habitación y su alimento en el mundo, y cada lugar del mundo recibe un nombre.

LOS COLORES
DE LA CREACIÓN

En el comienzo del universo los Dioses vivían en dos mundos redondos, como la casa de las abejas: el Mundo Blanco de arriba, hecho de color seco y de luz, y el Mundo Rojo de abajo, hecho de oscuridad, humedad y vacío.

Los Dioses de arriba y de abajo hicieron

un movimiento y sus mundos se encontraron. En ese choque los Dioses crearon nuestro Mundo del medio, este Mundo Azul y Amarillo en que vivimos. El mundo de la vida y de la muerte.

Ya los Dioses del Mundo Blanco de arriba, y los del Mundo Rojo de abajo se habían encontrado y habían creado este Mundo del medio, Azul y Amarillo. Ya todo estaba creado. Pero era apenas el comienzo de la creación. Aún nada estaba en movimiento. Aún no había vida, ni plantas, ni animales, ni calor, ni agua.

Entonces el Sol pensó y decidió enviar a este Mundo del medio, el calor y el agua de los lagos del Mundo de arriba, para que crecieran las semillas y la vida. Así, pensó y mezcló el calor del Sol con el agua de los lagos. Y comenzó el movimiento de la vida y la muerte en este Mundo Azul y Amarillo, en este Mundo del medio.

Luego, el Señor Sol le ordenó al Señor dueño de los Animales que viniese a este Mundo del medio a limpiar las plantas espinosas y los arbustos y sembrase semillas masculinas y femeninas y alimentos para todos los animales.

Y al Sol de la Tierra, el gran Señor Sol le ordenó calentar los lagos helados de la Sierra Nevada. Así las aguas de los lagos se pudieron beber y el mundo fué habitable y los animales llegaron a vivir en las montañas, en los lagos, en los ríos y en las alturas.

LOS MÚRUI—MUINANE

Los Múrui—Muinane son llamados Huitotos por sus enemigos ancestrales, los Karihona, tribu guerrera y llena de anhelo de dominar. En lengua Karihona "huitoto" significa esclavo.

Los Múrui—Muinane han habitado tradicionalmente la Amazonia Colombiana, en la región de los ríos Caraparaná e Igaraparaná, afluentes del Putumayo. Debido a la persecución que sufrieron durante la época de la fiebre del caucho y de las guerras con Perú, ellos se refugiaron por toda la región y hoy perviven desde el piedemonte Andino, en Florencia (Caquetá), hasta Leticia (Amazonas); y desde el río Caquetá en Colombia, hasta el río Napo en Perú.

Las dos palabras con que se designan los Múrui—Muinane expresan un rasgo primordial de su cultura: ellos están organizados social y religiosamente en dos grupos opuestos y complementarios: los Murúi y los Muinane. Es una dualidad masiva que se observa en todas las actividades sociales, materiales y espirituales y se expresa en las denominaciones, en los gestos y en las acciones de los individuos; mientras un grupo toma unas características, el otro opta por las complementarias: los Murúi son de arriba, negro, macho; los Muinane de abajo, blanco, hembra. En sus historias y mitos de origen también encontramos esta dualidad: la "Historia de Nosotros" y las "Historias para Olvidar". La "Historia de Nosotros" es el relato de cómo apareció la gente en este mundo, cómo descubrió el alimento, la palabra, las herramientas y de cómo aprendió las costumbres y los rituales o "carreras". Los rituales tienen dos funciones básicas: unos revitalizan la cultura haciendo actual el origen de lo existente. Por medio de estos rituales o carreras los hombres se hacen conscientes y aprenden a respetar las normas y costumbres de la comunidad y a cuidar el medio natural. Estas carreras representan el retorno al comienzo de todo, el retorno a la época de los seres originarios. Son una actualización ritual de los tiempos del principio, que reafirma los valores y bienes culturales de los Múrui— Muinane. Otros rituales buscan reparar los daños causados por las catástrofes y conflictos naturales, sociales o del azar, tales como accidentes, enfermedades, riñas,...etc. La "Historia de Nosotros" es una guía espiritual que necesita ser interpretada, necesita de una explicación que ayude a descifrar las metáforas del relato. A esta actividad espiritual los Múrui—Muinane la llaman "Bakau". Bakau es un modo de reflexionar semejante al que llamamos filosofía o teoría. Cuando el Bakau es una reflexión ética o moral se llama "Yectarafue"; cuando es guía para la acción o para algún propósito se conoce como "Rafue". La sociedad Múrui—Muinane ha puesto en manos del abuelo Buinaima, la salvaguarda y enseñanza de las tradiciones. El "Buinaima"es el más grande conocedor de la "Historia de Nosotros", de las carreras o rituales y del "Bakau".

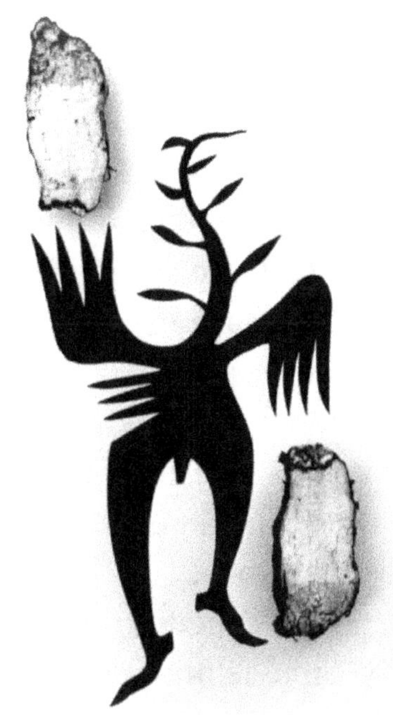

LA GENTE YUCA

Aimé Jurama tenía una hija. Jucido Buinaima llegó, conversaron y le preguntó por la hija.

—"Está bien" —dijo el viejo, y siguieron hablando y mambeando coca. Buinaima no durmió, amaneció en el mambeadero solo. Aimé se fué a dormir...

Al otro día Buinaima se había transformado en pajarito, y la hija de Aimé, dijo:

—"Papá, ese pajarito bonito, cójalo para yo criarlo".

Lo cogieron, lo dejaron en un canasto, bien tapado y se fueron al cultivo. Al volver, ya no estaba el pajarito sino Jucido y la muchacha exclamó:

— "Papá, ese hombre largó mi pajarito".

— "Si, tal vez este hombre lo soltó"... dijo Aimé. Pero Jucido era el mismo pajarito convertido en persona.

Por la noche, conversaron otra vez. Jucido no dormía y Aimé le dijo:

—"No sueñe con mi hija".

El otro le pidió:

—"Suegro, no salga a orinar, aguante; yo voy a crear comida".

Entonces vino el viento, y se oyó como gente que traía alimentos.

—"Aguante" —decía Jucido, pero el viejo Aimé no pudo, salió y chocó con pepas de maraka, con caimos y pisó unas piñas.

—"Qué pasa. Hagan candela" —gritó.

Su mujer atizó el fuego para ver. La comida desapareció y Jucido también, pero en la noche, en sueños, Jucido le dijo a la hija de Aimé:

— "Su papá no sabe aguantar, no quiere comer casabe ni coca; que siga comiendo tierra y palos secos..."

Después, cuando la muchacha descansaba en su estera, Jucido vino por debajo de la tierra en forma de lombriz y le hizo el amor. Y de nuevo le habló en sueños:

—"Si nace niño, llévalo a la quebrada y lo siembras".

Así, en un charco, nació Jucitofe, el palo de yuca, y el Abuelo Aimé, sentado, sin dormirse, lo cuidó. El charco crecía y crecía, y también el palo de yuca que dio ramas llenas de caimos, uvas, piñas, aguacates, marakas, yuca y todos los alimentos; pero todos caían al agua...

— ¡Chuuppó..! y ¿cómo sacarlos...?

Vino entonces una viejita que buceaba. Era un ratón, y sacaba del agua los frutos maduros. Eso comían el viejo y su familia.

Ya Jucitofe y el charco estaban inmensos, grandísimos, y el viejo Aimé quiso cortarlo. Pensó en el hacha Pájaro Carpintero. No sirvió. Luego pensó en el hacha Pájaro Picón, y tampoco. Luego, en el hacha de Sapo. Nada. Luego, en la verdadera hacha de Piraña. Ninguna sirvió. Entonces, pensó en el Abuelo Zorro: —"Él tiene el hacha".

Mandó buscarlo. El Abuelo dormía, pero escuchaba; y decía roncando:

—"Quiero piña y uva y caimo. Eso quiero."

Hicieron un morral con hojas de palma y se lo llevaron lleno de frutas. El Abuelo roncaba:

—"¡¡Uzo!!! Uzo!! Uzo!!!" —gritaron, y despertó:

—"Esto no es nada para mí" —dijo. Y se trepó al palo de yuca, chupando esos frutos. Con su cuchillo, cortó el bejuco que amarraba el palo del cielo. El palo cayó al lago echando manteca. Aimé corrió por el tronco, se echó a la boca esa manteca y luego la vomitó en la tierra. Así sembró la yuca.

LOS WAYÚU

Los Wayúu o Guajiros son una tribu de pastores, pescadores y mineros de la sal. Habitan en Colombia y Venezuela en la península de la Guajira, tierra árida, reseca por los vientos y el sol ardiente. Allí al año hay cuatro meses de escasas lluvias: que van desde septiembre u octubre hasta finales de diciembre. Con la lluvia, la desértica tierra florece de vegetación y los pastos crecen y abundan. En los playones de la costa se crecen las bocanas y peces; después de diciembre o enero y hasta abril o mayo, vienen fuertes vientos del nordeste que resecan el paisaje y hacen frías las noches.

Las bocanas se cierran, el agua de los playones comienza a salinizarse y es fácil la pesca. Entre abril y mayo los vientos amainan y cae lluvia débil y dispersa, entonces crece de nuevo la vegetación y hay pastos para el ganado. Es la estación de las pléyades: los pescadores salen a mar abierto. Luego, de mayo a septiembre sopla continuamente el ardiente viento del nordeste que arrastra las nubes y las lluvias lejos de la tierra guajira. A causa de ello se produce la sequía, la escasez y el hambre. En esta época los pastores obtienen el agua de los jagüeyes y casimbas, pozos artificiales abiertos por los guajiros para almacenar el agua de las lluvias o donde alguna débil vegetación anuncia aguas subterráneas.

Para el pensamiento Wayúu, la tierra y el mar se oponen. Estas oposiciones se manifiestan en las diferencias entre pescadores y pastores, al igual que entre animales acuáticos y terrestres.

Los asentamientos tradicionales Wayúu se forman de grupos de casas llamados Rancherías y llevan el nombre Wayúu de una planta, un animal, un lugar o bien el apellido de la familia que la habita. Cada casa está a varios minutos de camino de la próxima, pero sus miembros colaboran estrechamente entre ellos, comparten derechos y recursos en común, ya sea la huerta, el pozo o el cementerio. Allí, todos los residentes son de la misma estirpe de parientes uterinos, agrupados alrededor de la mujer más vieja de la ranchería: La Mama grande. Cerca de su casa viven las familias de sus hijas e hijos casados. Con la madre y su descendencia se comparte la misma carne, éste es el parentesco más importante, el Apushi. Con el padre y sus hermanos se comparte sólo la sangre; se es Oupayu.

El jefe de cada ranchería es el hombre más viejo de los parientes uterinos, le llaman Talaula, palabra que significa anciano, autoridad, jefe, líder, hermano de la madre. Él organiza los trabajos colectivos o Yanamás; otorga el derecho sobre algunos recursos, protege bienes y recursos de la usurpación de extraños, llama a dirimir las disputas por el diálogo.

La justicia Wayúu se funda en el respeto a las costumbres y a las obligaciones, en el principio de reciprocidad, el temor a las sanciones (pagos en especie o con la sangre) y en el deseo de ganar el beneplácito y reconocimientos de la comunidad.

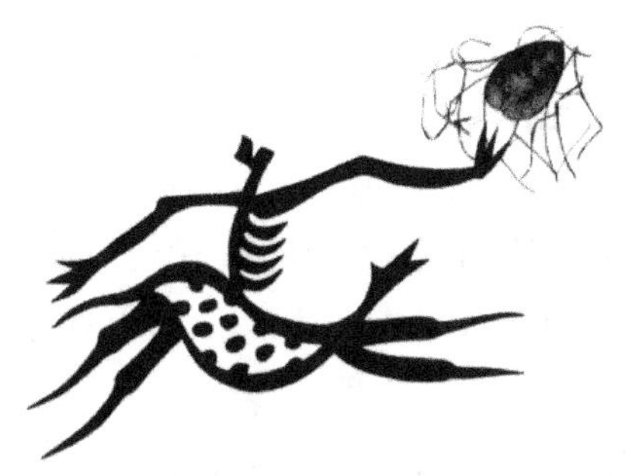

LA MADRE DEL JAGUAR Y LA HIJA DEL GAVILÁN

El Gavilán de Mar, pájaro fragata, tenía una niña. No había hombres ni nada, pero un día la niña tuvo reglas y apareció embarazada. El niño creció en su vientre y le conversaba. Le pidió flechas, ella las hizo y le dijo:

— "Salga y cace".

No salía, ella se golpeó el vientre. Enojado, el niño no le habló más. Un día ella rajaba leña y una astilla le saltó a los ojos: quedó ciega. Caminó y se perdió en el matorral. La vieja mamá del Jaguar la recogió. El Jaguar al ver a la muchacha que traía su madre, tuvo hambre y la devoró. Al terminar escupió tres pedacitos de carne que le quedaron entre los dientes; la vieja los puso en algodones. Tres muchachos crecieron. Maleiwa, el menor, es nuestro padre. El persiguió al Jaguar, lo flechó y le lanzó fuego que hizo frotando dos trozos de flecha. Por eso el Jaguar tiene manchas negras. Finalmente lo expulsó lejos, a las selvas.

Luego Maleiwa caminó y se topó con una mujer que hilaba algodón y quiso tocarla; ella lo amenazó:

—"Te golpearé".

Él la tocó, y la mujer, que era el mar, creció: quería ahogarlo.

Maleiwa saltó a la montaña Iitujulu; la montaña comenzó a elevarse. Maleiwa escaló su cima. El mar seguía creciendo pero la montaña ya era inmensa. Luego, al fin, el mar extenuado, se detuvo. Maleiwa no quería quedarse ahí. Reflexionó. Recogió leña y unas piedras lisas y negras; hizo fuego, calentó las piedras y las lanzó: una a su lado a la Alta Guajira; otra al norte; otra al sureste.

—"Kaoo,... Kaoo..." —bramaba el mar al ir secándose con el calor de las piedras.

El mundo reapareció y Maleiwa fue a Chimita, la tierra arcillosa donde los guajiros hacen cerámica. Vio huellas de vacas, de perros, de guajiros y tomó arcilla y se puso a crear los seres vivientes. Amasaba la tierra, hacía una especie de cuerdas, les daba forma y les pulía con sus finas manos. Con un movimiento seco de los dedos hizo los pájaros y con ayuda de la lluvia, hizo los hombres.

—"Ellos hablarán" —dijo, e hizo que fueran diferentes entre ellos. Así cada uno tuvo su familia, su linaje, su apellido. Después, dió forma a figuritas que parecían ganado. Luego, repartió cosas y animales entre la gente. También les dió flechas, y herramientas para trabajar y preparar los alimentos y guardar agua, y dijo a los hombres:

—"Con esto trabajarán para sus mujeres, para sus padres y sus suegras".

LOS EMBERÁ

Los Emberá cuentan que sus antepasados eran los Be-emberá, "gente del maíz" (Be: Maíz y Emberá: gente, persona). Son agricultores, pescadores y cazadores. Habitan la dilatada región de las selvas ecuatoriales superhúmedas del Pacífico Colombiano. Cazan con una cerbatana semejante a las usadas por los pueblos del Amazonas.

Inicialmente poblaron la región del Alto Chocó, luego se dispersaron por las selvas del Pacífico, "buscando la vida", como ellos llaman a su sistema de explorar los ríos en busca de caza y de una vega fresca y fértil donde "romper monte", sembrar y levantar un nuevo asentamiento o "tambo". Al escoger el terreno para sembrar, los Emberá tienen en cuenta, entre otros factores: su ubicación respecto al sol, su pendiente y humedad, las formas de acceso, la fauna que lo habita, las clases y tamaño de los árboles que allí crecen, la cantidad de semilla de maíz disponible. Luego empiezan a rozar el terreno limpiándolo de hierbas y arbustos. Después, esparcen el maíz al voleo. Son enfáticos afirmando que el maíz no se siembra sino que se riega: No se hiere la tierra obligándola a recibir el grano. Finalmente, los más viejos y sabios marcan los árboles que se han de derribar; teniendo en cuenta tamaño, ubicación, y el sentido que siguen lianas y bejucos, para que al caer arrastren consigo a otros árboles; y se empieza la tumba. Los troncos y ramazones que quedan sobre el sembrado sirven de sombrilla, impidiendo que la alta lluviosidad erosione el terreno, que el agua arrastre las semillas y la capa vegetal, que el sol queme la siembra.

Por todo esto podemos decir que el "buscar la vida" de los Emberá es una estrategia de supervivencia que se adapta perfectamente al entorno natural de la selva del Pacífico.

Para los Emberá existen nueve mundos: cuatro arriba, cuatro abajo y en el medio está a tierra. Los de Arriba son los mundos azules de los astros celestes, de los dioses y de Karagabí, creador del Universo. Allí van los espíritus de los difuntos. El mundo del Medio o Egoró, es la tierra multicolor donde viven los Emberá. Los mundos de Abajo son mundos oscuros habitado por los hombres grises, seres semejantes a los Emberá pero que sólo huelen la comida para alimentarse y son inmortales.

Egoró, el mundo de los Emberá, también tiene tres partes: El monte, plagado de monstruos y demonios; la tierra, donde viven los Emberá a orillas de los ríos y el agua. En este mundo no hay diferencias profundas entre los seres y las cosas que lo habitan porque todo lo que existe participa de las energías del universo. Esas energías, llamadas Jai, son la esencia de lo existente. Los humanos, los animales, los fenómenos naturales, todos tienen Jai y por eso ningún ser es inferior o superior a otro. El conocimiento de estas esencias es la ciencia y la fuente del poder del Jaibana: señor de los Jai, médico y sabio de los Emberá.

Conocer los Jai, permite a los Emberá mantener una relación vital de respeto y equilibrio con el entorno natural, pues en ese saber se fundan y orientan las técnicas de educación de la selva para la producción agrícola, las prescripciones y las prohibiciones para la caza y la pesca; las técnicas y ritos médicos para combatir o provocar los males, las enfermedades y la muerte. Para los Emberá "el conocimiento es vida".

LOS DIOSES AZULES

Ankoré es nuestro Dios, la fuerza y energía suprema del Universo. Él no tiene forma porque es todas las formas y se manifiesta por doquier. Es Padre y Madre de Karagabí a quien hizo con su saliva y lo mandó a crear todo el Universo. Entonces Karagabí creó los nueve mundos: Los cuatro Mundos Azules de Arriba, los cuatro Mundos Oscuros de Abajo, y

Egoró, la Tierra del Medio; y ordenó los astros celestes y todo lo que existe. Luego creó al hombre de una gota de agua y creó las leyes para que los hombres convivieran en paz y armonía entre ellos y con la naturaleza.

Cuentan que los primeros hombres escucharon hablar a los Dioses y se enteraron que arriba de la tierra había otro mundo, donde todo era azul, un mundo llamado Nentre, la casa de los dioses. Quisieron ir y preguntaron a Karagabí qué hacer. Karagabí construyó una larga escalera de bejucos cristalinos y azulados de los cuales crecían innumerables flores azules. En esos primeros tiempos, esta escalera fue el puente entre Egoró, la tierra, único mundo en que brillan todos los colores y Nentre, el cielo de los dioses, donde todo es azul.

Los hombres subieron a Nentre por esa escalera. Sus cuerpos, y sus adornos y pinturas corporales y faciales, se tornaron azules. Asombrados veían que allí arriba todo era azul: manadas de zainos azules tumbaban azules matas de maíz y pelaban mazorcas azules con sus dientes y sus filudas pezuñas; luego corrían alegres con granos azules de maíz brillando en sus bocas.

El Azul es el color de lo bueno, lo saludable, lo puro. Es el color de los Dioses y el color de Nentre, el mundo donde los dioses se reunían a conversar sus cosas y las cosas de los hombres y a mirar la creación: Los Dioses miraban atentos los días de la vida de los hombres, sus trabajos, y sus guerras, sus leyendas y sus viscicitudes. Miraban todo lo que los hombres afrontaron desde la Creación. Y cuando vieron que ya el hombre estaba preparado para ser dueño de su propio destino, los Dioses Mayores y Principales acordaron retirarse para siempre a Nentre, su Mundo Azul. Sólo se quedaron a vivir en nuestra tierra dioses menores, espíritus malignos, y espíritus protectores y monstruos y fabulosos animales del agua y del monte.

Por eso decimos que los Dioses Mayores son Dioses Olvidados. ¿Para qué llamar a quien es ciego y es sordo?

LOS UFAINA

Los Ufaina viven en los cursos bajos de los ríos Apaporis, Guacayá, Popeyacá y Mirití—Paraná, en la Amazonía colombiana.

Ufaina es el nombre que ellos se dan, las demás comunidades del Amazonas los llaman Tanimuka, lo que significa "gente de ceniza".

Las actividades cotidianas y rituales son ejecutadas por hombres y mujeres según una clara división: los hombres construyen la casa familiar llamada maloca, hacen la cestería, tumban la selva para hacer las huertas, fabrican objetos asociados a rituales chamanísticos (como las flautas del Yuruparí, o las lanzas o cerbatanas para cazar), cazan y pescan (aunque algunas veces las mujeres pescan con barbasco, zumo de una planta que se echa en los remansos y paraliza los peces). Las mujeres se ocupan de los niños, hacen las vasijas o "tiestos" de cerámica (llamados budare), cocinan, lavan, siembran y cuidan los cultivos. Hacen esto porque a ellas se les atribuye el poder de "transformar" a través de un proceso natural.

Los hombres también transforman, pero a través de procesos intelectuales y de saber chamanístico que según ellos corresponden a los procesos intelectuales que en castellano se llaman sabiduría, pensamiento, ver, sueño, estar despierto, atento.

Al amanecer las mujeres prenden el fuego para calentar el budare y tostar el casabe. Al atardecer en el budare, los hombres tuestan las hojas de coca que mambearán durante la noche mientras recitan las historias de los Imarikakana, los "Señores Inteligentes", cuatro héroes míticos fundadores de la cultura.

Al conjunto de cuentos sobre los cuatro hermanos Imarikakana, ellos lo llaman: " la cepa del cuento". De allí se desprenden las "ramas". Una rama son las historias sobre el incesto cometido entre Luna, ser masculino, y su hermana Maneriyawa. El hijo de este incesto es Umabarí, el Arco Iris. Otra rama son los cuentos sobre Yuruparí, relatos de cómo los hombres robaron las flautas sagradas a las mujeres que desde entonces ya no pudieron escuchar la música ni ver los bailes del Yuruparí. Los Ufaina piensan el mal y el bien como fuerzas que fluyen en un constante intercambio, en un diálogo que tiende al equilibrio.

Para los Ufaina el Universo tiene forma cónica, como el techo de la maloca. Está compuesto de cielos superpuestos que son como tiestos de budare, unos encima de otros.

ORIGEN DE LA NOCHE

En el comienzo todo era luz. Sólo alrededor de la maloca del abuelo oscurecía. El resto de la selva estaba siempre de día. Los cuatro Imarikakana llegaron allí y llamaron, pero el abuelo no despertaba. Entonces lo golpearon tres veces con la macana en las canillas y al fin despertó:

—"Qué quieren?" —preguntó.

— "Abuelo, queremos la noche, vivimos siempre de día, nunca oscurece y no dormimos".

— "Ustedes están bien así. ¿Para qué quieren dormir? Dormir es mi trabajo, a mí si me sirve porque tengo que soñar para ordenar todo en el mundo. Ustedes no".

—"No importa, abuelo. Queremos dormir. Traemos coca para pagar por la noche".

—"La noche no sirve, en la noche la culebra pica, la gente muere, el enemigo ataca. Les digo que así de día es bueno. Pero si ustedes vienen a pedir... Yo doy. Allá ustedes. Miren, allí hay muchas bolas de la noche amarradas, hay grandes y chicas. Lleven la chiquita y cuando lleguen a la maloca de ustedes, cogen leña, luego sueltan la noche y queman la leña. Cuando ya no queden sino los tizones, ahí amanece. Lleven ese poquito de noche y no lo suelten por el camino".

Salieron. Iban lejos y en la mitad del camino se sentaron a descansar.

—"Hermanos —dijo el menor— esto es chiquitico y este mundo es grande, ¿cómo va a servir esto para llenar todo con la noche? ¿Será que nos alcanza para oscurecer la casa y el patio y no más? Yo voy a soltar un poquito para mirar.

—"No" —dijeron los hermanos.

Mientras pensaban, el menor vio a su lado un palo seco y adentro un gusano que comía en redondeles, dejando sólo la cáscara seca, y dijo:

—"Voy a soltar un poquito".

Y soltó un poquito. Como un soplo potente salió una pelotica negra que cayó al suelo y saltó al cielo y tapó al Sol y a su hijo Luna. Todo quedó oscuro y la gente que estaba pescando se perdió. Una vieja que barbasquiaba se convirtió en Madre Monte. Ella es bruja y enseña. Un hombre que estaba de cacería se quedó Kurupira y ahora es el dueño del monte. Él también es brujo y enseña. La oscuridad convirtió como en animales a esa gente. Ahí mismo dijeron los hermanos Imarikakana:

—"Ahora sí nos jodimos".

—"No, nosotros no somos hijos de gente, somos hijos del mundo; a nosotros no nos

pasa nada. Volvámonos micos nocturnos y co-
mamos que tengo hambre" —dijo el hermano
menor.

Y comieron y luego hicieron todos los
animales que andan de noche. Después dur-
mieron.

LOS YUCUNA—MATAPÍ

Viven en el departamento del Amazonas en el curso medio del río Mirití, afluente del río Caquetá. A principios de este siglo los Yucuna—Matapí, también fueron forzados brutalmente a trabajar en la extracción del caucho.

Sin embargo, sobrevivieron y aún conservan un considerado grado de independencia en su modo de vida y costumbres tradicionales. Cada una de las dos partes de su nombre designa una de las mitades o familias que componen la sociedad: la mitad Yucuna y la mitad Matapí. La gente de una misma familia no puede casarse con otro miembro del mismo grupo, siempre se debe buscar pareja en la otra mitad, de lo contrario sería rechazado con el mismo horror que se le tiene al incesto.

Los Yukuna—Matapí, como muchos otros grupos indígenas Colombianos, perciben en el Universo la constante posibilidad del deterioro. En sus historias y mitos sobre el origen de la gente, el chamán piensa y predice el final de los vivientes. Dice que el final comienza con la pérdida de las tradiciones, lo cual lleva a la degeneración de la raza: la gente disminuye de tamaño, al igual los árboles que ya no dan frutos en las frondas sino en la raíz y además son secos y feos. Las niñas dan a luz.

Con la pérdida de las tradiciones, el orden de la naturaleza, los ciclos, el crecimiento, la reproducción se degrada en un creciente desorden que conlleva al fin; para evitarlo, los hombres deben realizar sus ritos, sus cantos, sus bailes y atender las prohibiciones y prescripciones que manda la tradición: respetar los salados o lugares de agua negra y amarga, ricos en sales a donde van los animales a beber. No se debe construir cerca de los salados porque el olor y el ruido de los humanos aleja a los animales. El salado es un territorio que no se debe invadir y, además, es peligroso porque acecha el tigre y pululan las enfermedades. Siempre, la base de todas las prescripciones y prohibiciones es el respeto al principio de la reciprocidad: lo que un hombre toma de los otros o de la naturaleza debe devolverlo para que no se mermen las fuerzas y las energías que mantienen el equilibrio y el orden en el universo. Así, no hay peleas entre la gente y siempre hay animales y plantas para comer. Hay respeto.

La importancia del ritual y del respeto a las tradiciones es tan poderosa para los Yukuna—Matapí que siempre cuentan sus historias míticas como si hubiesen sucedido ayer.

Tienen una concepción muy evolucionada de la guerra. Para ellos, la guerra es fiesta y baile. Un hermano con quien se tiene diferencias se le combate ofreciéndole una buena totumada de guarapo durante la fiesta y él estará obligado a ingerirla rápidamente. Así, se le expresa el disgusto que se siente. A esto se le llama "castigar". Así transforman la agresividad y el impulso destructivo en el motivo de la fiesta.

Viven los bailes como combates, la guerra como fiesta. Por eso el mito del nacimiento de la gente empieza por prohibir cortar la palma de canangucho y matar la danta. En tiempos míticos unos hermanos de los Yukuna—Matapí nacieron primero como canangucho y como dantas y después se transformaron en gente.

Que el mito diga que los hombres somos hermanos de los árboles y de los animales, no es una simple afirmación. Es una idea: los hombres somos plantas y somos animal, no somos diferentes. Somos parte de la corriente de energía del Universo.

EL NACIMIENTO
DE LA GENTE

No había gente. Nadie. Y vimos llegar a los Yukuna y nacimos los Natapí. No sé de dónde llegaron. Del mundo de abajo será. Pero cuando nacieron, primero fueron palma de canangucho, por eso no peleamos con gente Yukuna. Con ellos cantamos y bailamos, con ellos la guerra es fiesta, canto y baile.

No sé de dónde salieron: de la tierra será. Nacieron en Yuinata, una sabana Mirití, arriba, por el quebradón de Pilumichari.

También había otra gente: Kulanumí, gente danta que no se mata. Ellos nacieron con nosotros, nacieron del canangucho. Por eso el canangucho no se corta. Si cortas el canangucho entonces llueve, truena, uno pasa malo, el camino se hace camino de danta, camino de animal hermano.

Uno de esos hermanos era Ureyu, era el Capitán. Otro Kana'pe, el Gavilán. Rimakuté ayudaba y era Mandadero.

Luego nació otro, el cuarto. Pero nació con rabo y su madre quería matarlo. Luariya, estaba allí y dijo:

—"Este muchacho nació". Nacer es buen pensamiento, buena cosa, llevémoslo al payé, él sabe arreglar. Él brujea".

Payé brujió tabaco. Acabó de brujiar y prendió el tabaco, luego sopló al muchacho y ahí le desapareció el rabo.

El muchacho nació debajo del árbol que se llama Wiri, por eso la madre lo llamó Wihimi.

Cuando él fue grande, nació mucha gente; se llamaron los Himuri. Desde entonces el muchacho sin cola se le llamó Ka'amari. Ya sabía volverse tigre, ya tenía un hermano para hacer la guerra. Ya se podía hacer la fiesta y la borrachera. Entonces hicimos los bailes.

LOS BARÍ

Son conocidos como Motilones, nombre que al parecer les dieron los misioneros tanto a ellos como a los Yuko—Yukpa, "nación" indígena con la cual son a menudo confundidos.

Los Barí habitan una región de bosque húmedo tropical en la hoya de los ríos Oro y Catatumbo, a uno y a otro lado de la frontera Colombo—Venezolana. En épocas de la conquista española y aún durante la colonia, ocuparon un extenso territorio correspondiente a las tierras bajas al sur y al oriente del lago de Maracaibo, desde la cordillera de los Andes en Venezuela hasta la Serranía del Perijá y con el río Apón como límite septentrional.

Practican la agricultura de huertas temporales, la caza y la pesca, aunque también alguna de su gente trabaja en empresas petroleras. Trabajan también la cestería, la cual es notable por el fino acabado y por la complejidad de su proceso de elaboración.

Muchos aún viven en casas comunales llamados bohíos, que son construídos siguiendo una determinada orientación astronómica. La distribución del espacio interior del bohío responde a unas reglas básicas de organización social. Se distinguen dos áreas principales en él: la central para los fogones, la lateral para el dormitorio. Cada familia tiene su fogón y un dormitorio.

Alrededor de los bohíos hay una huerta de forma circular, donde se cultiva plátano, banano, achiote, aguacate, yuca dulce, caña de azucar, piña, ají,...etc.

Hay dos tipos de relaciones básicas familiares entre los Barí: la alianza y el parentesco. Son parientes los hijos e hijas del mismo padre. Al igual el tío paterno es pariente, más el tío materno es aliado porque el padre es aliado de la madre y por lo tanto aliado de los hermanos de la madre. Sólo los aliados se pueden casar; entre parientes, el matrimonio está prohibido.

Para ellos es importante recordar quién y de qué manera ordenó el universo y lo seres y cosas que lo pueblan y organizó a la gente en "naciones" dándoles normas de conducta, a fin de que cada elemento del universo esté en el sitio que le corresponde. Para ellos un mundo caótico sería una contradicción.

EL DIOS DEL ORDEN

Cuentan que antes la tierra era oscura, sin orden. Todo era un caos y nada tenía una forma precisa. Entonces, y de la región por donde ahora se oculta el Sol, llegó Sabaseba con su familia. Allá vivían.

Sabaseba con mucha curia y paciencia, trabajó modelando la tierra hasta darle orden. Así la tierra obtuvo su forma actual: llana y con un sentido para que corran las aguas y la puedan habitar y disfrutar los animales, la gente, los bosques.

Cuando Sabaseba ordenó la tierra, comenzó la vida: caía la lluvia y las nubes viajaban por los cielos, y el trueno retumbaba, ya se veía al arcoiris llenar el aire de color. Y se hizo de día con el Sol, y con la noche vino la Luna.

Este dios Sabaseba trabajó mucho, como lo haría un Barí y cuando tuvo hambre cortó piñas. De la primera piña que partió salió un Barí hombre, de la segunda una mujer: Barira y de la tercera un niño: Bakurita. Todos ellos alegres. Esta primera gente ayudó a Sabaseba en su trabajo de arreglar y ordenar el mundo.

Ellos, además, enseñaron a los Barí las artes y los oficios: pescar, cazar, construir un bohío, tejer las cestas, hacer los chinchorros y los vestidos.

Los animales, la otra gente que no es Barí y muchos otros seres que no son gente ni animal, son dioses y espíritus buenos y malos, salieron todos de las cenizas de una vieja que mató a su nieto, lo asó y se lo comió. Entonces los padres del niño la mataron y la quemaron, y luego esparcieron esas cenizas. De ellas nacieron los blancos, los negros, los Yuko—yukpa, los guajiros y muchos espíritus.

Por último, Sabaseba les dió a los Barí, reglas de respeto entre ellos y normas de comportamiento.

LOS GUAHIBOS Y
LOS PIAPOCO

El pueblo guahibo o Sikuani y el grupo étnico Piapoco constituyen un grupo mayoritario que habita en los departamentos de: Vichada, Casanare, Arauca, Guaviare, Guainía y en Apure y Amazonas en territorio Venezolano.

Su hábitat tradicional ha sido la sabana de los Llanos Colombo—Venezolanos, con economía de nomadismo basada en la recolección de pesca y caza. Algunos fueron iniciados a la agricultura de conuco o chagra de roza y quema con predominio del cultivo de la yuca amarga.

Los cultivos son practicados en forma rotativa para que la chagra no se fatigue y la tierra pueda descansar mientras se siembra en otro conuco.

Aunque se identifican como gente de sabana, en contraposición a la gente de la selva, la mayor parte de su sustento proviene del río y de la selva, selva que crece en las orillas de los ríos y caños.

Los Sikuani y los Piapoco comparten algunos de los Genios Creadores dentro de su mitología. Ellos dividen el mundo en dos ciclos de la creación: Un primer ciclo donde sólo existían los Genios Creadores y los Animales Pensantes. Y un segundo ciclo donde surgen los seres humanos; en este ciclo los sucesos más importantes fueron:

—El origen de los Seres —Constelaciones, genios con poderes creadores, dueños primigenios de los elementos naturales y culturales. Las estrellas eran "gentes" según lo dispuesto por Kuwai (creador), cada uno de estos genios cumplía una función especial: Tzamani, ayudante de brujería; Makuwepírimi, maestro de la elaboración de curiaras y todo lo relacionado con el oficio de la navegación, Kajuyali, maestro de las artesanías; Makabali,

maestro de iniciación de los brujos, Matsuru-
dani, el dueño del yopo, es el dueño del sueño
onománico y de los secretos de la iniciación
de los brujos.

—El descubrimiento del "Kaliawirinae"
(árbol de la vida o del alimento) y con él, el
origen de la agricultura.

A través de sus relatos míticos se percibe
la transformación de los dos mundos: uno donde no existía la especie humana sino una pro-
genie de "animales pensantes" y de Dioses
genios que dirigían las fuerzas del bien y del
mal. El otro mundo es el comienzo donde la
vida humana adquiere su sentido actual.

La presente recopilación de relatos
míticos es el resultado de la valiosa informa-
ción obtenida a través de los abuelos en sus
propias lenguas y posteriormente traducidas
con la colaboración de maestros bilingües y
alumnos de las etnias Sikuani y Piapoco, ubi-
cadas sobre la ribera del río Guaviare, departamento del Guainía.

EL KALIAWIRINAE
(EL ÁRBOL DEL ALIMENTO)

Al comienzo la tierra era una extensa sabana poblada por escasos árboles. Ésta era gobernada por Purnaminali y sus hermanos: Iwinai, Kapuyali y Tzamani, quienes gozaban de grandes poderes utilizados en el bienestar de la comunidad conformada por animales que se alimentaban de palos podridos. Uno de ellos llamado Kutsikutsi (mono nocturno), acostumbraba a salir discretamente para dirigirse hacia el gran río Orinoco en busca de alimento.

Una noche, cuando se desplazaba hacia el gran río, un bejuco barbasco llamó su atención por su prolongado tallo que alcanzaba a atravesar el Orinoco. Kutsikutsi curioso y decidido se trepó a éste impulsándose hasta llegar a la copa de un frondoso árbol, " El Kaliawirinae", cuyo ramaje sostenía diversas frutas y raíces como: tabena, papaya, batata, yuca, piña, ají, banano, ñame...,etc. Kutsikutsi, extasiado y sorprendido por un olor dulce a piña, comió hasta empalagarse y pensó no revelar su hallazgo a los otros.

A la madrugada regresó muy satisfecho a la maloca, se acostó junto a Lapa y quedó profundamente dormido. A la salida del sol y con la suave brisa que corría, Lapa despertó al sentir un olor embriagador y un susurro que provenía de la boca de Kutsikutsi:

—"aii taxa kuibo máwiru" (tengo sabor a piña en la boca).

Ella corrió hacia Tzamani y le preguntó:

—¿Qué significa lo que dice Kutsikutsi?,

—¡Creo que él ha comido un fruto dulce; debe seguirlo a donde vaya sin que él se dé cuenta!; así nos informaremos del lugar donde obtuvo el alimento.

Al anochecer, bajo los rayos destellantes de la luna, la comunidad descansaba sumida en un profundo sueño, a excepción de Lapa quien seguía silenciosamente los pasos de Kutsikutsi.

Transcurrido un largo tiempo, el mono se detuvo frente al gran río, ató su cuerpo al bejuco y se impulsó para llegar al otro lado del Orinoco. Lapa se sumergió sigilosamente en las turbulentas aguas para llegar al mismo tiempo al Kaliawirinae.

Kutsikutsi se sentó en la copa del árbol, agarró una piña y empezó a saborearla arrojando las cáscaras a la tierra. Lapa las atrapó pensando en degustar el propio fruto, y pensó:

—"¡Zúa!, cáigase una fruta...".

Al instante un jugoso fruto se escapó de las callosas manos del mono. Lapa agarró la piña y corrió a esconderse en un agujero. El mono al percatarse de la presencia de la abuela se enfureció y se lanzó a recuperar el fruto, pero solamente logró atrapar la cola de Lapa, arrancándola completamente (por eso la lapa no tiene cola).

Cuando Kutsikutsi se marchó, Lapa fabricó un Kote y lo llenó de toda clase de frutas que le brindaba el Kaliawirinae. Contenta regresó a la maloca y despertó a la gente para mostrarles su hallazgo.

—¡Vean lo que el viejo come por allá!, les dijo.

Todos muy sorprendidos se lanzaron sobre el kote para saborear los frutos. Al momento, llegó el mono furioso con un tizón en la mano, se dirigió a Lapa diciéndole:

—Abuela, ¿por qué me ha estado espiando?

Lapa, temerosa, acercándose al fogón, se armó con un tizón y le dijo:

—"¡Esta tierra es nuestra madre y ha producido el Kaliawirinae y como madre, desea que todos sus hijos sean alimentados justamente; no comprendo cómo su codicia desmesurada nos priva a lo que tenemos derecho. Mis nietos y yo hemos sentido hambre alimentándonos de palos podridos desconociendo la existencia del Kaliawirinae, en tanto usted disfrutaba en silencio la variedad de frutos.

Kutsikutsi, furioso, hundió el tizón en el hocico de Lapa causándole quemaduras parecidas a las pecas. Al sentirse adolorida, lanzó el tizón con furia a la cola del mono dejándosela totalmente pelada; éste daba saltos estremeciéndose de dolor.

Al día siguiente, Purnaminali organizó a la comunidad para emprender la búsqueda del Kaliawirinae. Algunos recogieron quijadas de pescado, otros labraron canoas para cruzar las turbulentas aguas...

Cuando llegaron junto al árbol, se sintieron fascinados al observar la prodigiosa planta. Loro, paujil, piapoco, garza, carpintero, empezaron a picotear el tallo. Danta, lapa, ardilla, aserraban con los huesos de pescado, pero tanta faena era insuficiente. Tzamani, a causa del arduo trabajo convidó a un grupo de la comunidad para ir a la maloca del abuelo Palemeku, padre de las herramientas. Al llegar allí Tzamani se dirigió a él diciéndole:

—Necesitamos herramientas poderosas para derribar el árbol del alimento. Sólo usted podrá brindárnoslas.

—"¡ m — m — m —, yo no tengo herramientas de trabajo, por lo tanto no puedo ayudarlos!", —les dijo.

Ante la negativa, la gente le ofreció yopo, pero a pesar de esto él no accedió. El afán de continuar con el trabajo, hizo que Tzamani se transformara en mosco bobo y se introdujera por la nariz del abuelo quien al instante arrojó toda clase de herramientas.

La mujer de Palemeku, furiosa por lo sucedido preparó envueltos de hoja que originaron la lluvia, los zancudos, la pereza... provocando la huída de la comunidad quien se apoderó de los instrumentos para talar el misterioso árbol.

Al anochecer, cansados por la ardua tarea, se retiraron a descansar arrullados por la melodía suave producida por las corrientes del río y vigilados por la majestuosa luz de la luna.

Al amanecer despertaron y corrieron hacia el árbol; sus rostros quedaron perplejos al ver que el Kaliawirinae permanecía intacto, sin rastro alguno de haber sido tocado. Tzamani, sorprendido exclamó:

—"¡Este árbol es mágico, sus heridas son curadas por él mismo... debemos llamar a los abuelos Púbu (hormigas) para que alejen las astillas y así evitaremos de nuevo su formación!".

Con la ayuda de los abuelos emprendieron la fragosa tarea. El árbol se mecía pero no caía porque estaba sostenido por el bejuco de barbasco que lo ataba al cielo.

Tzamani subió en forma de ave para trozar el bejuco, pero al picotearlo, la savia espesa le cayó en los ojos; sus alas se sacudían intentando protegerse, pero el dolor que sintió hizo que se lanzara al suelo emitiendo gritos:

—¡ay, ay, ay... No puedo, es un bejuco muy grueso.!

Purnaminali se acercó al pájaro para ayudarlo y envió a los abuelos Materi (ardillas) quienes en seguida empezaron a roer:

—rac, rac, rac...

Al cortarse la liana, el Kaliawirinae cayó al oriente, esparciendo toda clase de frutos originando así la comida.

KUEMAINU
(ANACONDA: VÍA LÁCTEA)

Tsawaliwali era una serpiente muy fuerte, le gustaba ingerir comida en gran proporción; tenía una hermosa hija llamada Majunajunali a quien cuidaba evitando que se le acercara pretendiente alguno.

Purnaminali, uno de los Tzamani más poderosos, estaba enamorado de ella pero le era imposible acercarse a la muchacha; por ello decidió transformarse en Ikuli (morrocoy) para ser tentación de la serpiente.

Ikuli se ubicó cerca a la maloca esperando que Tsawaliwali saliera en busca de comida.

Pasado un corto tiempo, la serpiente observó a lo largo del camino un Ikuli muy provocativo, se arrastró hacia éste para atraparlo con su grueso y largo cuerpo, pero el morrocoy pesaba demasiado. Tsawaliwali cansado, desistió y fué en busca de su hija quien estaba limpiando la maloca; ella al ver el agotamiento de su padre le brindó una taza de yucuta. Él, sorbiendo la bebida, le dijo:

—¡En el camino hay bastante comida... debe traerla lo más pronto posible!

Majunajunali marchó a prisa por el camino buscando la comida sin hallarla. De pronto, escuchó pasos entre los frondosos árboles, tornó su mirada y observó a un joven atractivo que le ofrecía la más hermosa flor y le causaba un profundo sentimiento.

—¡Oh!, ¿quién es usted? —le preguntó ella.

—Soy Purnaminali y vengo en busca de la más hermosa mujer... ahora dígame si es el perfume de las flores la causa de su presencia aquí.

—No, mi padre me envió en busca de Ikuli, pero no lo he encontrado, quizás se escondió entre el ramaje.

—¡El Ikuli que observó su padre soy yo!. Me transformé en animal, buscando la manera de encontrarme con usted, ahora le pido que me acepte como su mejor amigo para protegerla todo el tiempo.

—Me agradaría mucho pero... ¡Imposible, mi padre jamás aceptaría su presencia en la maloca!.

—¡Yo tengo el poder para ser admitido por su familia, me transformaré en garrapata y él no notará mi presencia! —exclamó Purnaminali.

Al atardecer, Majunajunali y Purnaminali (transformado en garrapata), emprendieron el camino de regreso a la maloca. Allí, entre abrazos y risas conversaban los amantes. De repente, Tsawaliwali extrañado de los ruidos que escuchó, se levantó y miró a través del toldillo que protegía la hamaca de su hija; enfurecido al ver a *Purnaminali* intentó golpearlo pero Majunajunali muy temerosa se dirigió a su padre implorando castigo.

—¡No tenga miedo! Por el poder que me acompaña, él debe aceptarme como su yerno.

Al instante Tsawaliwali se retiró y desde entonces Purnaminali vivió con su esposa y sus suegros.

Un día, cuando Purnaminali se encontraba bastante lejos de la maloca buscando alimento en compañía de su hermano menor, cayó un fuerte aguacero que apagó las brasas utilizadas para secar y asar la carne.

—Hermano, debe ir hasta la maloca a traer unos tizones pero no vaya a entrar convertido en animal, debe entrar en figura humana, de lo contrario sería comida para Tsawaliwali —recomendó Purnaminali.

A través del camino, el muchacho corría bañado en sudor; el afán de llegar pronto a la maloca lo indujo a transformarse en Lapa. Cuando llegó a la maloca no tuvo oportunidad de adquirir su forma natural; Tsawaliwali, al verlo, se contrajo avalanzándose sobre el indefenso cuerpo del animal, dándole muerte. Majunajunali arregló la carne de la víctima y la asó en pedazos. A la luz de la luna consumieron en silencio la suculenta comida en espera de Purnaminali. Cuando él regresó, su esposa le ofreció carne asada, pero él la apartó con suavidad permaneciendo inmóvil frente a la leña que ardía en el fogón. No pudo dejar de pensar que esa carne era de su hermano.

Pasada la media noche cayó un fuerte aguacero acompañado de un viento recio. Purnaminali se dirigió a su esposa diciéndole:

—¡Por favor...!, déme un pedazo de carne cruda y otro asado; empáquelos en medio de una torta de yuca.

La mujer, extrañada, le entregó lo solicitado. Purnaminali se dirigió bien adentro de la selva y buscó la palma real más elevada. Cuando la encontró, formó un nido con la torta de yuca y acomodó los pedazos de carne dentro de éste. Luego los ubicó en la rama más alta de la palma. En medio de la tormenta regresó a la maloca, guindó la hamaca y se acostó para descansar.

Pasados varios días, nacieron dos polluelos de Kotsala (águila) los cuales se desarrollaron rápidamente. Purnaminali los alimentó y los entrenó colocándoles palmas y palos en las garras para que adquirieran fuerza y altura en el vuelo. Cuando las águilas lograron subir una palma al cielo, Purnaminali supo que había llegado el momento de acabar con Tsawaliwali; entonces ideó la forma de sacar a la serpiente de la maloca utilizando un nido de bachacos que lo ubicó frente a la entrada. Tsawaliwali, al verlo, se arrastró hacia éste tratando de alcanzarlo, pero era imposible ya que el nido se alejaba cada vez más de su morada. Cuando la serpiente estuvo completamente retirada de la vivienda, dos gigantescas águilas descendieron y atraparon a Tsawaliwali por la cabeza y la cola, llevándola hasta el cielo, y la dejaron allí. Ésta, con el poder de Purnaminali, se convirtió en Kwemainu: franja de estrellas conocidas como el camino de Santiago o Vía Láctea.

TSIKIRIRI
(SUEGRA DE PURNAMINALI)

Después que Purnaminali vengó la muerte de su hermano continuó viviendo en compañía de su esposa Majunajunali y Tsikiriri quien era una mujer muy hambrienta.

Cuando terminaba la dura jornada, Purnaminali regresaba a la casa extenuado. Su esposa lo esperaba con la comida servida y una taza de yucuta. Tsikiriri acercaba un banco a la mesa y observaba la suculenta comida. Al ver que Purnaminali empezaba a comer, Tsikiriri le lanzaba excrementos de cucaracha y de grillo sobre el alimento; Purnaminali con repugnancia se levantaba del banco y corría a botar la comida. Tsikiriri con la sagacidad de un felino y una sonrisa malévola en sus labios se avalanzaba sobre el plato para ingerirlo.

Purnaminali, cansado de esta situación, siempre pensaba en la forma de vengarse de ella.

Un día, al regresar temprano a casa, Purnaminali creó una laguna cuya agua diáfana refractaba los luminosos rayos solares que encandecían los ojos de los animales que se acercaban y deshojó plantas de merey que bordeaban la laguna, arrojando las hojas al agua. Al instante, éstas se transformaron en grandes pirañas.

Cuando llegó a la maloca, su esposa extrañada de verlo tan temprano, le preguntó:

—¿Hubo algún problema en el trabajo? ¿Por qué has regresado a plena luz del día?

—Mientras caminaba un poco distraído,

descubrí una laguna rica en peces, y decidí venir a comunicarles para aprovechar ese alimento —respondió Purnaminali.

Tsikiriri al escuchar a su yerno empezó a quejarse:

—¡Ay, ay, ay... me voy a morir de hambre! Purnaminali con cortesía se dirigió a ella diciendo:

—Tranquila, la laguna tiene bastante comida, venga conmigo, le indicaré el sitio, y además le presto el mejor arpón; pero eso sí, no vaya a capturar los peces grandes.

Tsikiriri apresurada alistó un pedazo de torta de yuca y salió en compañía de su yerno quien la dejó cerca a la laguna y él se alejó para continuar su trabajo.

La mujer muy contenta recolectó muchos peces, los cuales iban directo al fogón que había armado cerca a la laguna.

Mientras Purnaminali trabajaba, imaginaba a su suegra capturando un pez enorme que la arrastraría al fondo para que la devoraran las pirañas. De hecho, en ese momento, su suegra era engullida por los monstruosos animales.

Al atardecer, Majunajunali muy preocupada por la tardanza de su madre, emprendió la búsqueda. Al llegar frente a la laguna observó una camareta y varios pescados carbonizados sobre las cenizas del fogón. Su cuerpo se estremeció de miedo y con voz temblorosa llamó a Tsikiriri varias veces sin obtener respuesta. Vadeó varias veces la laguna y de repente su rostro palideció al divisar a través de las cristalinas aguas el esqueleto de su madre. Un fuerte grito de dolor conmovió a las aves canoras que reposaban en sus nidos, y en bandada empezaron a sobrevolar la laguna emitiendo un canto lúgubre. Majunajunali llena de dolor y desesperación comprendió la intención de su esposo y se lanzó al fondo del agua para rescatar los huesos de Tsikiriri.

KAJUYALI
(CONSTELACIÓN DE ORIÓN)

La hija de Tsikiriri y Tsawaliwali estaba muy furiosa por lo sucedido con sus padres y un fuerte deseo de venganza hacia Purnaminali le invadió todo su ser. Cegada por el dolor se armó con el hueso de la pelvis de su madre y se encaminó hacia el lugar donde posiblemente encontraría a su esposo.

Después de varias horas entre la espesura de la selva, escuchó unos golpes sobre madera y corrió hacia allá. Poco a poco vislumbró la figura de un hombre que labraba una canoa y cuya apariencia era similar a la de Purnaminali.

Majunajunali empezó a gritarle:

—¡Usted ha causado la muerte de mis padres, ahora seré yo quien acabe con su vida para siempre!

El hombre confundido y sorprendido exclamó:

—¡No soy el hombre que está buscando!...¡Usted me está confundiendo!...

Majunajunali no le creyó. Se instaló frente a la canoa y le arrojó el hueso sobre una pierna cortándosela completamente. Kajuyali, emitiendo gritos de dolor contempló por un instante a la mujer y la convirtió en pato carretero.

Kajuyali cogió su pierna ensangrentada y la lanzó sobre las aguas de un riachuelo; al momento la pierna se convirtió en bagre rayado.

Atormentado por el dolor de su cuerpo, Kajuyali sintió la necesidad de comunicar a sus hermanos el estado en que se encontraba. Para ello cogió el mariapi (inhalador para sorber yopo) y con éste creó el picua (ave mensajera) y mirándolo fijamente le dijo:

—Vuela muy alto en dirección al sitio de mi gente y trae ayuda.

Cuando el pájaro llegó a la maloca, se tiró al piso gritando:

—¡Tzikue—tzikue—tzikue...!

Sus alas se movían aceleradamente intentando dar el mensaje. Las personas al verlo se interrogaron frente a lo que sucedía, pero continuaron inmóviles sin entenderlo. Picua al darse cuenta que su canto no era comprendido emprendió vuelo.

Kajuyali haciendo rezos para calmar el dolor acudió a la patena (mortero para yopo) y creó el zamuro para que cumpliese la misma misión de picua; sin embargo, cuando llegó al sitio indicado se limitó a revoletear en círculos sobre la maloca, pero la gente aún no comprendía. Kajuyali desilusionado agarró la mochila y la transformó en sikoro (ave de gran tamaño), la lanzó con fuerza y ésta comenzó a volar sobre la copa de los árboles emitiendo una melodía triste que decía:

—"¡jiji kajuyali ikutsu uku!"(a Kajuyali le cortaron una pierna).

Los hermanos de Kajuyali, al escuchar el mensaje, se apresuraron a buscarlo. Cuando llegaron al sitio, Kajuyali agonizaba en medio de la hierba húmeda. Purnaminali, Iwinai y Tzamani consternados de dolor emitieron una plegaria, y el cuerpo ascendió al cielo. Allí Kajuyali, mutilado de una pierna, quedó para siempre representando la constelación de Orión.

KEKERETO
(VENUS)

Era una mañana diáfana cuando Pume-niruwa, segunda esposa de Purnaminali, llamada la mujer olorosa se dirigió hacia el río en busca de agua para preparar alimentos. Allí se encontró con Yakukuli, un viejo pescador quien venía de regreso después de una noche ardua de pesca.

—¡Yakukuli, qué cantidad de pescado atrapaste...regálame uno —dijo Pumeniruwa.

El hombre, al escuchar a la mujer, remó lentamente hacia la orilla.

—¡Claro, suba y escoja el que más le guste!.

La mujer, muy contenta, se embarcó para seleccionar el pescado, pero cuál no fue su sorpresa al ver que el pescador empezó a remar rápidamente con la intención de raptarla. Ella, muy angustiada, miró hacia todas partes implorando ayuda. De repente advirtió una canoa que se aproximaba hacia ellos, era el rey Zamuro (gallinazo) quien dio un fuerte golpe a Yakukuli y agarró a la mujer embarcándola en su canoa.

Purnaminali, pensativo e inquieto, esperaba el regreso de su mujer.

Transcurrieron varios días y aún Pumeniruwa no aparecía. Una noche, cuando Purnamilani se encontraba pescando, escuchó la algarabía de los monos tities, los maiceros y los micos, quienes se encaminaban hacia la celebración de la famosa fiesta de chicha de fruta que ofrecía el rey Zamuro.

Kekereto, el gran lucero se mostraba en todo su esplendor motivando a Purnaminali a continuar la búsqueda de su mujer. De pronto, él se transformó en un anciano que se unió al grupo de invitados y continuaron la larga jornada hacia el occidente, acompañados siempre por el planeta Venus.

Cruzaron los grandes y caudalosos ríos hasta llegar a la isla del rey Zamuro. Allí todos bailaban y bebían hasta agotar la deliciosa bebida. Purnaminali buscaba cautelosamente a Pumeniruowa y a la media noche se percató de la presencia de su mujer; entonces corrió a la laguna para bañarse y adquirir su propia apariencia. Cuando Pumeniruowa vió a su esposo, corrió a sus brazos llena de alegría y emprendieron el camino de regreso a la maloca.

Purnaminali, resentido por el dolor causado por el rey Zamuro, decidió vengarse de éste. Preparó la comida apatecida por el rey y lo invitó a su maloca. Cuando el Zamuro disfrutó del alimento, Pumenirouwa y Purnaminali lo lanzaron a una caneca llena de zumo caliente de yuca brava y ají. El zamuro emitió gritos de dolor pronosticándole maldiciones y la muerte prematura para la nueva generación. El cuerpo del rey se cubrió de un plumaje negro y emprendió vuelo reafirmando sus maldiciones.

.

JUAMETO
(MERCURIO)

En un claro de la selva se divisaba un pequeño conuco cuidadosamente cultivado por un hombre solitario. Un día se dio cuenta que los frutos de la cosecha desaparecían misteriosamente. Cansado de la situación, el hombre decidió vigilar el conuco para atrapar al intruso.

Una noche, casi vencido por el sueño, escuchó un leve ruido que provenía de los cultivos, se encaminó hacia el lugar y cuál no fue su sorpresa al hallar a una hermosa mujer que al verlo soltó los frutos que tenía en la mano.

—¿Es usted quien cada noche lleva los frutos de este conuco? —preguntó el hombre.

—¡Sí!... soy yo... excúseme por haberlo hecho, pensé que era la única forma para hablar con usted. Necesito que venga conmigo para cruzar el gran río —respondió la mujer.

El hombre, muy emocionado por la compañía de la mujer, aceptó y emprendieron viaje. Al cabo de varios días de intensas caminatas escucharon el rumor de turbulentas aguas, se acercaron a la ribera del río y allí la mujer se convirtió en una danta y transformó al hombre en garrapata, la cual fue ubicada en su oreja para poder cruzar las aguas.

Al finalizar el viaje llegaron a la isla de los Tsaki momawi (mujeres gaván), cansados y hambrientos por la ardua travesía descansaron en medio de los cultivos que había en la isla. Cuando la danta despertó, sintió un olor a piña que la indujo a hurtar varios frutos dejando tras de sí huellas. El hombre adquirió su apariencia natural y se alejó para consumir frutos.

Al día siguiente, como de costumbre, las mujeres de la isla se encaminaron hacia los conucos para realizar sus trabajos. Sorprendidas al ver los cultivos arrasados, buscaron las huellas del intruso; muy pronto una de ellas divisó los rastros de la danta y comenzaron a preparar la trampa para capturarla.

Al llegar la noche, el animal salió de su refugio en busca de alimento pero fue atrapada. Su compañero muy preocupado por la tardanza, salió en busca de ella. Escuchó risas y voces de mujeres, se ocultó tras de una ceiba para observarlas, y aterrado divisó que la causa de la euforia era el cuerpo inerte de la danta.

Las mujeres arreglaron la carne y la empacaron en catumares; una de ellas se separó del grupo y se dirigió hacia una ceiba para botar los desechos del animal sacrificado. Al ver al hombre, sorprendida preguntó:

—¿Quién es usted?, ¿qué viene a buscar en esta isla donde no se permiten hombres? Si mis compañeras lo encuentran le darán muerte. En ese momento las otras mujeres llamaron a la joven para emprender el regreso; ella presurosa y asustada le dijo al hombre:

—Espéreme aquí, yo le indicaré el camino que debe tomar para huir.

Cuando llegó la noche, la joven regresó junto al hombre llevándole un pedazo de casabe con carne de danta; largo tiempo conversaron surgiendo entre ellos una fuerte atracción que indujo a la mujer a llevarlo a la maloca y hacerlo su esposo, a fin de evitar copular con la raíz en forma de pene utilizada por el clan.

Días después las mujeres sintieron el olor de un extraño, sospecharon de la presencia de un hombre y comenzaron a buscarlo sin hallarlo.

El hombre, bien oculto, observó a las mujeres que entraban y salían con frecuencia de una choza. La curiosidad del hombre lo indujo a entrar al recinto, aprovechando la ausencia de las mujeres gaván. En el centro observó un montón de palma que cubría un pene formado por una raíz y cuando se acercó, su rostro fue cubierto de semen. El hombre enfurecido agarró una vasija con agua caliente y la arrojó sobre éste, dejándolo inerte.

Al caer la tarde una de las mujeres entró a la choza para usar el pene; al ver que éste estaba inerte, la mujer gritó y lloró e inmediatamente fue a comunicarle a sus compañeras quienes decidieron hallar al culpable del desastre para darle muerte.

La compañera del hombre lo dirigió hasta la playa para que escapara de la isla; en ese instante pasó navegando un pato carretero y en él se embarcó.

Navegaron un buen trayecto hasta que el pato arrojó al hombre a una orilla por haber exhalado pedos.

Al atardecer, Luna pasó navegando en su vagina, y el hombre la detuvo solicitándole que lo acercara a su destino. Luna accedió con la condición de que no la mirara, pero cuando llegaron al sitio determinado el hombre descendió de la barca y tornó su mirada hacia ella; inmediatamente fue convertido en palma de chontaduro que se elevó hasta el cielo y allí se transformo en Mercurio, marido de la luna.

EERI—KEERI
(SOL Y LUNA)

Bien adentro de la selva vivía una pareja caníbal que permanecía con sus sobrinos cuando los padres estaban de cacería. Todos los días la mujer simulaba espulgar a los niños mientras les succionaba la sangre hasta causarles la muerte.

Cuando regresaban los padres, les informaban que algunos de sus hijos habían muerto por causas extrañas; ellos, acongojados, daban sepultura a sus hijos, quienes mas tarde eran desenterrados por la pareja caníbal, despojándolos de uñas y dientes con los cuales elaboraban collares. Luego arreglaban los cuerpos para asarlos y consumirlos.

La gente preocupada por las continuas muertes decidió investigar la causa de éstas, y fue así como un miembro de la maloca encontró los collares hechos de uñas y dientes dentro de las pertenencias de la pareja caníbal.

La comunidad acordó castigarlos enérgicamente ofreciéndoles chicha con veneno y arrojándoles agua caliente.

La mujer corrió hacia el río para disipar su dolor, mientras que el hombre soportaba las intensas quemaduras.

Al ser desterrada la pareja del cacerío, ascendieron al cielo transformados en Eeri, que a causa de sus intensas quemaduras fue obligado a brindar calor a la tierra y Keeri, que al sumergirse en el agua al ser castigada se le asignó la tarea de refrescar la noche.

LA ASCENSIÓN AL CIELO

Una mañana, cuando los Tsamani se encontraban en el conuco, los niños en el caserío jugaban imitando el baile de los mayores. De pronto, escucharon un trueno y una luz resplandeciente los envolvió; era Yamaxu —el Rayo— quien los llevó a su territorio celestial.

Cuando los Tsamani regresaron a la maloca se sorprendieron al no escuchar las risas de los niños; confundidos, afanosamente los buscaron en el río y la selva sin hallar rastros de ellos. Cansados y angustiados los Tsamani se acurrucaron en silencio formando un círculo para ejecutar un rezo, pero el sonido de una melodía lejana los interrumpió; tornando sus cabezas hacia la fuente del sonido no les quedó duda alguna de que eran sus hijos. A partir de ese momento, comenzaron a bailar, sorber yopo y consumir mucho yaraque con el fin de tornar sus cuerpos livianos y así poder ascender.

Después de muchos días de ayuno y danza, los Tsamani no pudieron ascender porque sus cuerpos aún estaban pesados debido a la abuela Ibaruowa quien no quiso bailar, y siempre estuvo alejada del grupo por permanecer con su amante Maxuneje —el Caimán— en la orilla del río.

Purnaminali le prohibió a abuela Ibaruowa esos encuentros clandestinos con Maxuneje, pero ella continuó desobedeciendo a los Tsamani.

Purnaminali ideó un plan para acabar con Caimán. Así, un día que Ibarouwa estaba lejos de la aldea, Kawainalu —hermana menor de los Tsamani— se vistió con el camisón de Ibaruowa y corrió hacia el río en compañía de sus hermanos; allí, ella golpeó el agua con una totuma llamando a Caimán, quien salió presuroso creyendo que era su amante. En ese momeno Purnaminali destrozó la cabeza del animal arrancándole la quijada.

Al día siguiente, Ibaruowa se dirigió al río llamando a Maxuneje sin encontrar respuesta alguna; entonces, se sumergió en las aguas encontrándolo muerto en el fondo. Agarrando el cuerpo inerte del animal lo sacó del río y al tenderlo sobre la playa se dio cuenta que Maxuneje había sido despojado de su quijada. Completamente encolerizada, Ibarouwa creó una Payara para que devorara a Purnaminali cuando se bañara; y así fue. Los hermanos, al notar la ausencia de Purnaminali, recriminaron a la abuela por su acción.

Los Tsamani crearon raudales para impedir que el pez avanzara, pero éste continuaba su recorrido en forma acelerada; por lo tanto, acudieron a Gavilán Pescador quien capturó a Payara y liberó a Purnaminali.

Los hombres, de regreso a la maloca pensaron apresurar el ascenso, lanzando sus flechas una a una, pero ninguna lograba adherirse al cielo. Kawainalu se acostó agarrando el arco entre sus piernas y tiró de éste fuertemente, logrando ubicar la flecha en el cielo. A causa de la fuerza producida por su cuerpo, comenzó a sangrar por la vagina, originando la menstruación en todas las mujeres.

Los Tsamani continuaron lanzando flechas formando una escalera; cuando la terminaron, Tsamani, con la quijada de Caimán, emprendió la subida junto con Purnaminali, Iwinai y Kawainalu. Otros quisieron ascender pero el peso de sus cuerpos reventó la escalera, arrojándolos a la tierra convertidos en animales que formaron diferentes clanes como: Tigre, Loros, Venado, Tortugas,...etc.

Hallándose los Tsamani en el cielo se prepararon para enfrentar el poder de Yamaxu. Tsamani, transformado en lagartija, se dirigió a casa de Yamaxu para copiar los grabados del bastón que él utilizaba como arma.

Al día siguiente los Tsamani con un bastón similar al de Yamaxu lo visitaron, pero sólo se encontraba su compañera a quien distrajeron para cambiar el arma. Al llegar Yamaxu y ver extraños en su casa se sorprendió; agarró el bastón y preguntó:

—¿Quiénes son ustedes?...¿Qué desean?...

Purnaminali respondió:

—Somos los hermanos Tsamani y estamos buscando a nuestros hijos!... Además, deseamos permanecer en el cielo!...

Al escuchar esto, Yamaxu pensó exterminarlos con su poderoso bastón y se dirigió a ellos dándoles bastonazos, pero a los Tsamani nada les pasó. Purnaminali, con el bastón que habían cambiado, saludó a Yamaxu con un garrotazo. El cuerpo de Yamaxu se desintegró y su compañera horrorizada culpó a los hermanos quienes la tranquilizaron reuniendo las partes de Rayo; soplándolo con tabaco, al instante revivió.

Rayo al sentir el poder de los Tsamani devolvió a los niños, y a la vez les asignó espacio para que permanecieran por siempre en el cielo.

En la tierra, mientras tanto, Ibaruowa desesperada por la ausencia de los Tsamani, construyó un bongo y navegó por el río hasta encontrar el punto donde se unía el cielo con la tierra; así pudo ascender y ubicarse en el otro extremo de los Tsamani convertida en Estrella Polar.

Desde entonces, se observan en el firmamento las constelaciones de: Kajuyali—Orión—, Iwinai—Pléyades—, Maxuneje—Tauro—, Kawainalu—Beta Tauro—, Tsamani—Délphinus—: Al otro lado se encuentra Ibarouwa— Estrella Polar—, bordeadas todas ellas por Kwemainu —Camino de Santiago—.

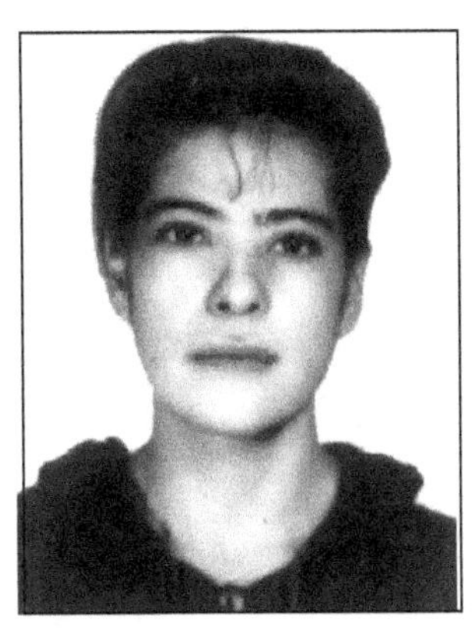

BETY TRIANA
Lenguazaque -Cundinamarca-

NÉSTOR MENDOZA
Pesca -Boyacá-

Néstor y Bety han recorrido paso a paso el camino de la docencia intentando remover las piedras que ocultan las raíces sepultadas de "América Latina", cuya savia reprimida se esfuerza por romper las membranas que durante siglos han estado silenciadas reclamando ser escuchadas.

En el discurrir de su existencia se han inquietado por investigar y recopilar algunas voces mitológicas de grupos étnicos colombianos, intentando en lo posible hacer visible parte de su cosmovisión, a fin de identificarnos con los cauces hasta ahora perdidos y olvidados por los entramajes de la cultura.

CONTENIDO